MODERN WRAPPING BOOK

大人かわいい ラッピング

身近な紙と材料で、簡単にできる！

宮岡 宏会
HIROE MIYAOKA

はじめに

もともと「包む」という文化は
日本の伝統的な文化で、日本人はむかしから
相手を思う気持ちを「包む」ことで表現してきました。
それは、とても素敵なことだと思います。

古いものや日本のものづくりの良さに注目が集まる昨今、
この本のなかにも伝統と現代が混じり合った、
「和モダン」なテイストをちりばめてみました。
伝統といっても、特別なものやテクニックは使わず
手に入りやすい身近な紙や素材を使った、
初心者でも簡単にできるラッピングばかりです。

また、手作りのお菓子やアクセサリーを
バザーやハンドメイドマルシェに出したとき、
買った人に「パッケージなのに飾っておきたい」と
思ってもらえるような
アイデアの詰まったパッケージングも紹介しています。

巻末では、基本の包み方とリボンのかけ方を
わかりやすく丁寧に解説していますので
贈り物を箱に入れて
きちんとラッピングするテクニックも
マスターすることができます。

この本が、みなさんのラッピングのヒントになったら
こんなにうれしいことはありません。

宮岡宏会

CONTENTS

P2　　　はじめに

WORK:1

コピー用紙、半紙、折り紙、古新聞……
身近な紙と素材でできる、
和モダンなラッピング

P7	半紙×和紙　箸袋包み	HOW TO MAKE > P26
P8	紙コップ×ラベル　切り重ねラッピング	HOW TO MAKE > P27
P9	紙皿×リボン　バッグ風ラッピング	HOW TO MAKE > P28
P10	クラフト紙×絵の具　お祝い袋風ラッピング	HOW TO MAKE > P29
P11	折り紙　四角い箱	HOW TO MAKE > P30
P12	和紙×半紙×スタンプ　箱形のたとう包み	HOW TO MAKE > P31
P14	コピー用紙　三角すいのボックス	HOW TO MAKE > P32
P15	半紙　器のラッピング	HOW TO MAKE > P33
P16	卓上カレンダー　ピローボックス	HOW TO MAKE > P35
P18	カラーコピー×マスキングテープ　米袋風ラッピング	HOW TO MAKE > P34
P19	ワックスペーパー×巻き段ボール　三角包み	HOW TO MAKE > P36
P20	包装紙×カラーコピー　ブックカバー	HOW TO MAKE > P37
P22	ペーパーナプキン×毛糸　しぼり包み	HOW TO MAKE > P38
	古新聞×麻ひも　植木鉢包み	HOW TO MAKE > P39
P23	巻き段ボール×くるみボタン×ヘアゴム　筒形ラッピング	HOW TO MAKE > P40
P24	A4コピー用紙×スタンプ×毛糸　合わせ包み	HOW TO MAKE > P41

WORK:2

陳列方法のヒントもいっぱい！
バザーやハンドメイドマルシェで役立つ、かわいいパッケージング

- **P44**　ブローチの台紙を作る
- **P46**　フックピアスの台紙を作る
- **P48**　ヘアピンの台紙を作る
- **P49**　ピアスの台紙を作る
- **P50**　ブレスレットを包む
- **P52**　アクセサリーパーツを包む
- **P54**　ネックレスを包む
- **P56**　クッキーを包む
- **P58**　キャンディを包む
- **P60**　お菓子の詰め合わせを作る
- **P62**　パウンドケーキを包む
- **P63**　布小物を包む
- **P64**　小ぶりの焼き菓子を包む
    - 保存びんに入れる
    - OPP袋に入れる
- **P66**　スワッグを包む
- **P68**　ノートを包む
- **P70**　手提げバッグを作る
- **P72**　ハンカチを包む

WORK:3

基本のラッピング

- **P76**　合わせ包み
- **P78**　合わせ包み（薄い箱の場合）
- **P80**　斜め包み
- **P82**　スクエア包み
- **P84**　シェル包み
- **P86**　リボンの結び方とかけ方①
    - 基本の蝶結び×横かけ
    - 裏表のあるリボンの蝶結び×横かけ
    - シングルループ×横かけ
    - トリプルループ×横かけ
    - リボンの端の切り方
- **P88**　リボンの結び方とかけ方②
    - 十字かけ
    - 斜めかけ
    - 縦かけ
    - V字かけ
- **P90**　ポンポンとタッセル
- **P92**　オリジナルパターン＆ラベル

Column

オリジナルラッピングペーパーを作る

- **P42**　①カラーコピー編
- **P74**　②スタンプ編

（注）
本書に掲載している作品及び作り方やデザインは、手作りを楽しむためのみにご利用ください。インターネット上の各種販売サイト、個人売買マーケット、並びに実店舗やフリーマーケットなど、営利目的での販売をすべて禁じております。また、完成写真や図案などを参考にした類似品も同様に、営利目的では販売できませんので、あらかじめご了承ください。

コピー用紙、半紙、折り紙、古新聞……

身近な紙と素材でできる、和モダンなラッピング

半紙 ✕ 和紙

箸袋包み

来客用の箸袋としてはもちろん、ペンや歯ブラシなど、スティック状のものを贈るのにぴったりのラッピング。ポケットにメッセージカードを添えれば、ますます素敵な贈り物に。

切り重ね ラッピング

HOW TO MAKE
P27

せっかくお菓子を手作りしても、袋に入れるだけでは素っ気ない……そんなときは、紙コップを使ったラッピングがおすすめ！ 紙コップなら直接お菓子を入れても衛生的です。

WORK:1　和モダンなラッピング

紙皿 × リボン

バッグ風ラッピング

HOW TO MAKE
P28

紙皿を2つ折りにするだけのシンプルラッピング。リボンをはずして広げれば、そのまま紙皿として使えるから、個包装のお菓子やピタパンなどを入れて、外ゴハンに持っていきたい。

| クラフト紙 | 絵の具 |

お祝い袋風ラッピング

HOW TO MAKE
P29

ソックスやハンドタオルなど、布もののギフトにちょうどいいラッピング。本来、お祝い袋に用いる包み方ですが、カジュアルにアレンジすることで、和モダンな印象に。

WORK:1　和モダンなラッピング

折り紙 | 四角い箱

そのまま小物入れにもなる、折り紙を使ったギフトボックス。作り方はとっても簡単だけど、表側に折り目をつけないテクニックは必見！ 内箱と外箱の色合わせを楽しんで。

| 和紙 | 半紙 | スタンプ |

箱形のたとう包み

WORK:1　和モダンなラッピング

テープを使わず、合わせ目がきれいなたとう包みは、どちらを表にしても美しい。半紙を巻いて組ひもを結べば、よりお祝いやお礼の気持ちが伝わるスペシャルな贈り物に。

WORK:1 和モダンなラッピング

HOW TO MAKE
P32

コピー用紙

三角すいのボックス

コロンとしたフォルムがかわいい三角すいのボックス。個包装されたお菓子やお土産、ちょっとした小物などを入れて配るのに便利！ 折り紙を使って作ることもできます。

P14

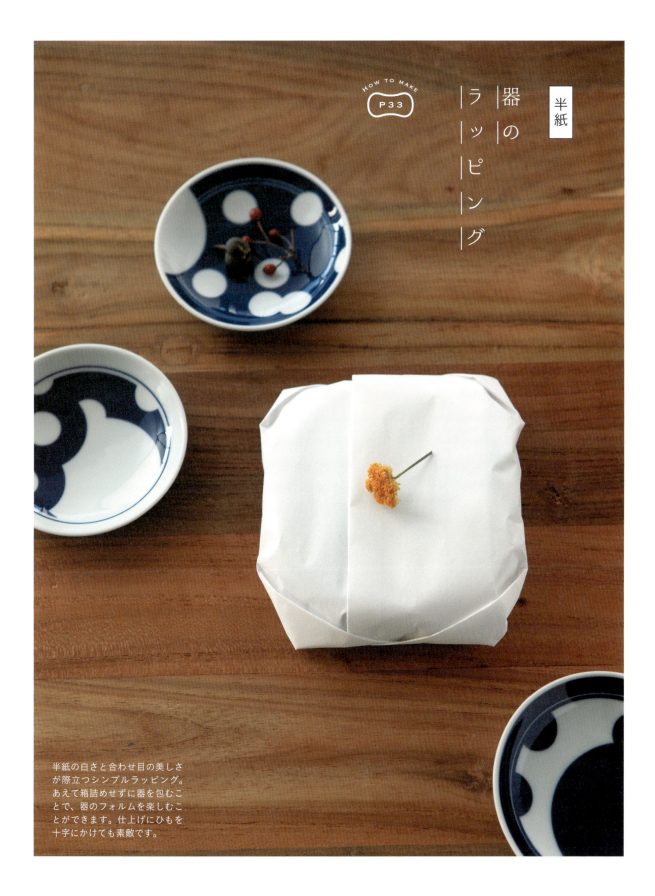

器のラッピング

半紙

HOW TO MAKE P33

半紙の白さと合わせ目の美しさが際立つシンプルラッピング。あえて箱詰めせずに器を包むことで、器のフォルムを楽しむことができます。仕上げにひもを十字にかけても素敵です。

不要になった卓上カレンダーが素敵なピローボックスに変身！アクセサリーや小物などを入れるのにぴったりです。中身を薄紙でふんわり包んでから入れると、箱の中で動かないように。

WORK:1　和モダンなラッピング

卓上カレンダー

ピローボックス

HOW TO MAKE
P35

WORK:1　和モダンなラッピング

HOW TO MAKE P34-35

米袋風ラッピング

カラーコピー
マスキングテープ

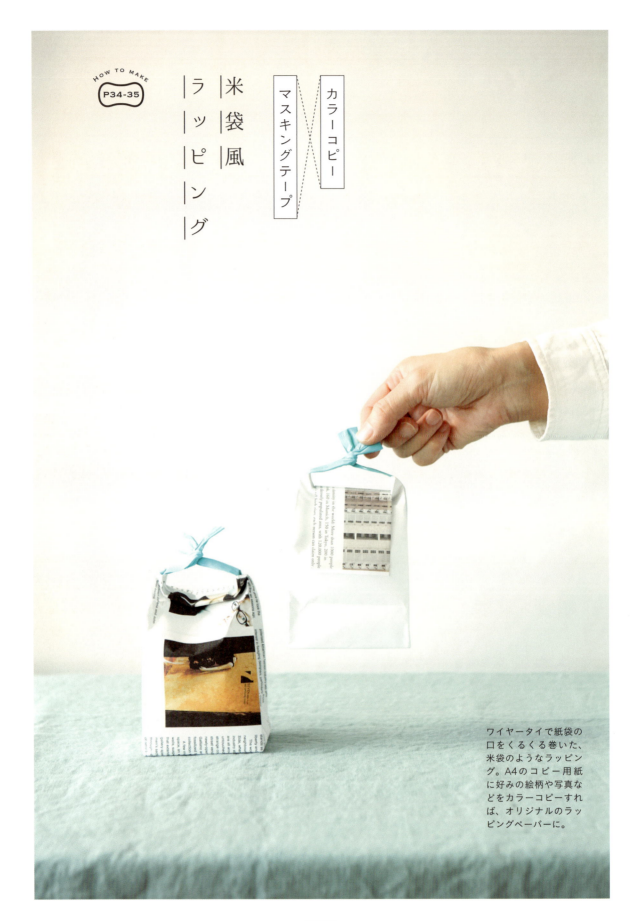

ワイヤータイで紙袋の口をくるくる巻いた、米袋のようなラッピング。A4のコピー用紙に好みの絵柄や写真などをカラーコピーすれば、オリジナルのラッピングペーパーに。

P18

三角包み

ワックスペーパー × 巻き段ボール

HOW TO MAKE

P36

三角にカットしたケーキを、崩れないように包むのに最適なラッピング。いくつかまとめて持ち運ぶときは、ケーキを互い違いに並べると、倒れにくく省スペースにも。

P19

包装紙 ✕ カラーコピー

ブックカバー

本をプレゼントするなら、普通に包むだけでなく、オリジナルのブックカバーをつけてみてはいかが？ ポケットにメッセージカードを添えてプレゼントすることも。

WORK:1 和モダンなラッピング

ペーパーナプキンを使ってパパッと包む、簡単ラッピング。カラーやデザインが豊富なペーパーナプキンは、クシュッとしぼって結ぶだけでスタイリッシュに仕上がります。

ペーパーナプキン ✕ 毛糸

しぼり包み

HOW TO MAKE
P38

古新聞 ✕ 麻ひも

植木鉢包み

HOW TO MAKE
P39

このまま飾っておきたくなる古新聞を使ったラッピング。紙に鉢を置いて包むのは難易度高めですが、この包み方なら袋を作ってから鉢を入れるので、誰にでも簡単にできます。

HOW TO MAKE P40

筒形ラッピング

巻き段ボール
くるみボタン
ヘアゴム

もともと梱包材に使う巻き段ボールも、ボタンとゴムの合わせ方で和モダンな印象に。必要な紙のサイズがわかりやすいので、贈り物に合わせて、簡単にサイズ調整できるのがうれしい。

| A4コピー用紙 | スタンプ | 毛糸 |

HOW TO MAKE
P41

合わせ包み

WORK.1 和モダンなラッピング

スポンジを三角にカットしただけのはんこも、規則的にスタンプすることでおしゃれなラッピングペーパーに。少しくらい曲がったりかすれたりしても味になります。

HOW TO MAKE

半紙　　和紙

箸袋包み

仕上がりサイズ：約縦16.5×横8cm

||材料と道具

◉ 半紙（約縦33×横24cm）
◉ 和紙（包装紙でも可）
◉ 定規
◉ はさみ

1
和紙を16.5×32cmに切り、半分に折る。

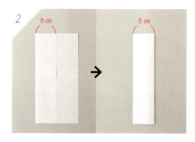

2
半紙が3等分になるよう左端を8cm右に折り、右端を8cm左に折る。

3
半紙を開き、1の和紙を左の角に合わせてのせる。

4
右端を折り目の位置で三角に折る。

5
左端を折り目に沿って右に折る。

6
右端を折り目に沿って左に折る。

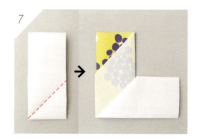

7
表に返し、下から半分に折り上げる。さらに点線の位置で折り上げた紙を三角に折る。

8
裏返して点線の位置を折る。

9
左側の紙を右下の三角形の部分に差し込んで完成。

WORK:1　和モダンなラッピング

HOW TO MAKE

PHOTO P8

| 紙コップ | ラベル |

切り重ねラッピング

仕上がりサイズ：
約直径6×高さ5cm

材料と道具

● 紙コップ
　（約直径6×高さ8cm）
● ラベル（お好みで）
● 定規
● はさみ
● マスキングテープ
● 両面テープ

1

紙コップのふちをはさみで切り落とす。

2

飲み口を指でつまんで半分に折り、折り目をつける。

3
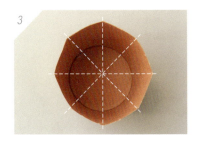
折り目と折り目を合わせ、計4本の折り目をつける。さらに4本の折り目の間を半分に折り、等間隔に計8本の折り目をつける。

4

はさみの先端から3cmの位置に、マスキングテープで印をつける。

5

はさみにつけた印を目安に、飲み口の折り目に合わせ、深さ3cmの切り込みを入れる。

6

8本の切り込みを入れたら、贈り物を入れ、切り込みを内側に折っていく。

7

最後の切り込みを最初の切り込みの下に入れ込む。

8

切り込みを閉じる。

9

お好みでラベル（P92をコピー）をつけて完成。

HOW TO MAKE

PHOTO P9

仕上がりサイズ：
約縦9×横18×厚み2cm

材料と道具
● 紙皿
● リボン
● 穴あけパンチ
● ラベル（お好みで）

紙皿
リボン

バッグ風ラッピング

1
紙皿を半分に折る。

2
左右の角を内側に向かって三角に折り、折り目をつける。

3
紙皿を開き、左右の角を折り目に沿って内側に折り込む。

4
紙皿の口を閉じ、右斜め上にパンチで穴をあける。

5
贈り物を入れ、穴に2つ折りにしたリボンの端を通す。

6
リボンの輪に端を通して完成。

WORK:1　和モダンなラッピング

P28

HOW TO MAKE

1

少量の水を加えた絵の具を筆にとり、筆を振って紙に絵の具を飛ばす。

2

絵の具が乾いたら、紙を横半分に折り、左側半分に折り目をつける。

クラフト紙

絵の具

お祝い袋風ラッピング

3

折り目を左側にして置き、中央（A）で直角に折る。上下に直角三角形ができる。

4

さらに3の合わせ目にAの角を合わせて三角に折る。

5

贈り物を入れる。

6

紙の右端を贈り物の大きさに合わせて左に折る。

仕上がりサイズ：
約縦20×横13cm

材料と道具
● クラフト紙（縦45×横33cm）
● 毛糸（お好みで）
● 定規
● はさみ
● 筆
● アクリル絵の具

7

裏返し、紙の上下を贈り物の大きさに合わせて折る。

8

紙の上側を下側に差し込む。

P29

HOW TO MAKE

[折り紙]

四角い箱

仕上がりサイズ：
（小）約縦5×横5×高さ2.5㎝
（大）約縦7×横7×高さ4㎝

材料と道具（四角い箱・小）
● 折り紙
● ボタン（お好みで）
● 定規
● はさみ
● 両面テープ

1
フタを作る。折り紙を半分に折り、両端に軽く折り目をつける。箱の上に折り目がつかないよう端だけに折り目をつける。

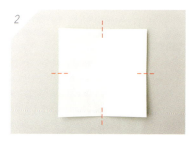

2
紙を開いて90度回転させ、半分に折って両端に軽く折り目をつける。

3
中心に向かって、4つの角を三角に折る。

4
90度回転させ、上下を半分に折る。

5
紙を開いて、左右を半分に折る。

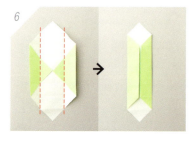

6
紙を開き、点線の位置で折る。

7
側面を立ち上げ、箱の角を整える。

8
余分な紙を内側に折り込む。反対側も同様に折り込む。

9
本体は折り紙をひとまわり（0.5～1㎝）小さく切り、1～8の手順で折る。本体に贈り物を入れ、フタをして完成。

WORK:1　和モダンなラッピング

HOW TO MAKE

和紙
×
半紙
×
スタンプ

箱形のたとう包み

仕上がりサイズ：
約縦10×横14×高さ2.5cm

| 材料と道具

◉ 和紙
◉ 半紙（縦6×横33cm）
◉ 鉛筆
◉ スタンプパッド
◉ 組ひも
◉ 定規
◉ はさみ

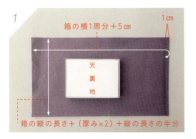

1

紙の右端を1cm内側に折り、箱を裏にしてのせる。

2

紙の右端を箱にかぶせ、仕上がりの位置（中央よりやや左）を決める。

3

紙の地側を折り上げる。

4

左側の紙を持ち上げる。

5

たるんだ部分を箱に沿わせて右に折る。

6

同様に右端の紙を持ち上げ、たるんだ部分を箱に沿わせて左に折る。

7

いったん紙を開き、3〜6と同様に天側も折る。

8

左右を折り、左側の紙を右側の袋の中に差し込む。

9

鉛筆にインクをつけ、半紙にスタンプする。8に半紙を巻き、組ひもを結んで完成。

P31

HOW TO MAKE

コピー用紙

三角すいの
ボックス

仕上がりサイズ：
約高さ9×幅7×奥行7㎝

材料と道具

● コピー用紙
　（P94〜95をコピー）
● クリップ（お好みで）
● 定規
● はさみ
● 両面テープ
● のり

1

P94〜95の図案をコピーし、点線の位置で切り取る。紙を裏にして置き、左端を1cm折って斜線部分に両面テープを貼る。

2

半分に折って、紙の上下に軽く折り目をつける。仕上がりの表面に折り目が出ないように軽く跡をつける。

3

紙を開き、折り目の位置に合わせて左右を折る。紙を右上に重ねて貼り合わせる（P35の3参照）。

4

下側を1cm折って折り目をつける。

5

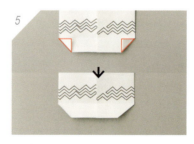

4の折り目の位置で角を三角に折り、はさみで切り落とす。

6

上の紙を切り落とし、下の紙をのりしろにする。

7

6ののりしろにのりをつけ、貼り合わせる。

8

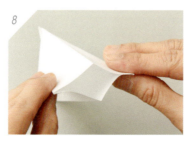

贈り物を入れ、袋の口を縦に開き、上下の折り目を合わせて左右をつぶす。

9

袋の口を2〜3回折って閉じる。

HOW TO MAKE

仕上がりサイズ：
約縦11×横11×高さ2㎝

材料と道具
● 半紙
● 梱包材
● マスキングテープ

半紙

器のラッピング

1

半紙を2枚重ね、右端を1㎝折る。

2

梱包材で包んだ器を中心に置き、紙の右側を器にかぶせ、仕上がりの位置（器の中央）を決める。

3

紙の左端を器にかぶせ、右側が上にくるように重ねる。

4

手前側の紙を器に沿って平らにし、左→右の順に紙を重ねて折る。

5

紙の先端にマスキングテープをつける。

6

余った紙を底側に折り込み、マスキングテープで底に貼りつける。奥側も同様に底に折り込み、マスキングテープで貼りつけて完成。

HOW TO MAKE

PHOTO P18

カラーコピー

マスキングテープ

米袋風ラッピング

仕上がりサイズ：
約縦17×横8×マチ6㎝

材料と道具

- A4コピー用紙
- マスキングテープ
- クラフト用ワイヤー
- 台紙（コピー用紙など）
- 定規
- はさみ
- 両面テープ

1

A4の紙に好みの絵柄や写真をカラーコピーする。紙を裏にして置き、左端を1㎝折って斜線部分に両面テープを貼る。

2

紙を半分に折り、両面テープで貼り合わせる。

3

下から7㎝の位置で折る。

4

左右が三角になるように開いて折る。

5

上下が1㎝ずつ重なるように折る。

6
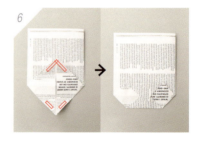
紙を開き、赤の部分の4カ所に両面テープをつけ、下→上の順に貼り合わせる。

7

点線の位置で折り、折り目をつける。

8
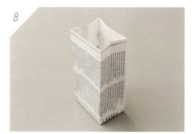
折り目に沿って袋を開き、マチを作る。

9
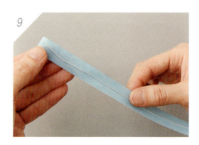
ワイヤータイを作る。マスキングテープにワイヤーを貼りつける。

10

マスキングテープよりひとまわり（2〜3mm）小さくカットした台紙を重ね、マスキングテープの端を内側に折り込む。

11
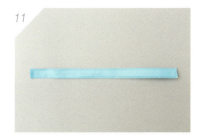
10にマスキングテープを重ねる。

12

ワイヤータイを袋の口に合わせ、2回折り込む。ワイヤータイをねじり合わせて完成。

HOW TO MAKE

PHOTO P16-17

卓上カレンダー

ピ ロ ー
ボ ッ ク ス

仕上がりサイズ：
約縦11×横5.5×厚み1.5㎝

材料と道具

● 使用済みの卓上カレンダー
● 刺繍糸（お好みで）
● 定規
● はさみ
● 両面テープ
● 目打ち
● 目印をつけるための
　セロハンテープ（びんのフタ、
　グラスなどでも可）

1

左側を1㎝折って斜線部分に両面テープを貼り、紙を半分に折って紙の上下に軽く折り目をつける。

2

紙を開き、折り目の位置に合わせて左右を折る。

3

両面テープをはがして貼り合わせる。

4

角と角にセロハンテープを当て、目打ちでなぞって折り筋をつける。

5
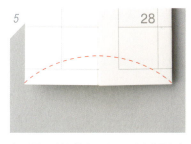
表に返して折り筋をつける。180度回転させ、反対側の端にも同様に折り筋をつける。

6

贈り物を入れ、裏→表の順に折り込む。

HOW TO MAKE

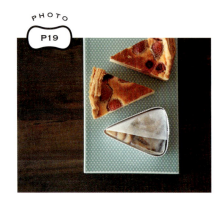

PHOTO P19

ワックスペーパー ✕ 巻き段ボール

三 角 包 み

仕上がりサイズ：
約高さ7×幅5×奥行11.5cm

材料と道具

● オーブンシート
● 巻き段ボール
● マスキングテープ
● 定規
● はさみ

1

奥側のオーブンシートを1cm余裕をとってケーキにかぶせたとき、ケーキの2/3が隠れればOK

>1cm

横
ケーキ1周＋
ケーキの横幅

手前に角がくるようにオーブンシートを置き、写真の位置にケーキをのせる。

2

左端のオーブンシートをケーキにかぶせる。

3

右端の紙を持ち上げ、ケーキの角に沿わせて左に折る。

4

手前側の紙を平らにする。

5

左→右の順に端を重ねて折る。

6

余った紙を底側に折り込む。

7

（ケーキの高さ）×（ケーキ1周＋1cm）に切った巻き段ボールを巻き、マスキングテープでとめて完成。

WORK:1　和モダンなラッピング

HOW TO MAKE

仕上がりサイズ：
約縦19.5×横13.5×厚み2㎝

材料と道具

- 包装紙
- コピー用紙（P93をコピー）
- 定規
- はさみ
- 両面テープ

ブックカバー

1
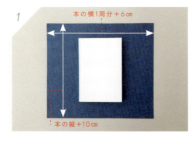

紙を（本の横1周分＋6㎝）×（本の縦＋10㎝）に切る。

2

紙を裏にして置き、上下を2㎝ずつ折る。

3

表に返して、下から10㎝の位置を折り上げる。

4

3の上辺を本の天に合わせてのせ、折り上げた紙を本の縦のサイズに合わせて折り下げる。

5

4を裏返し、中央に本を置いて包み、はみ出した部分を内側に折り込む。袋になった部分に本の表紙を入れる。

6

反対側も同様に折り込む。

7

お好みでP93のパターンをカラーコピーし、両面テープで貼りつけたら完成。

HOW TO MAKE

| ペーパーナプキン ⋈ 毛糸 |

しぼり包み

仕上がりサイズ：
約高さ12×幅8×奥行8㎝

材料と道具

- ペーパーナプキン
- 毛糸
- ラベル（お好みで）
- はさみ

1
中心よりやや手前に贈り物を置く。

2
手前側と奥側の紙を中央で合わせて持つ。

3
中心がずれないように、手前に倒す。

4
倒した紙を半分に折る。

5
奥に倒す。

6
左側の紙を手でつまんで持ち上げる。

7
右側も同様に持ち上げ、左右の紙を合わせて形を整える。

8
毛糸を結んで完成。

WORK:1　和モダンなラッピング

HOW TO MAKE

仕上がりサイズ：
約縦20×横17cm

材料と道具

● 古新聞
● 麻ひも
● ラベル（お好みで）
● 定規
● はさみ

植木鉢包み

1
植木鉢をのせて持ち上げたとき、鉢の高さより2cmくらい出るサイズの正方形に古新聞を切る。

2
紙を三角に折る。

3
左の角を右上に折り、右の角を左上に折る。

4
上の三角形の部分を1枚手前に折り返す。

5
植木鉢を入れる。

6
麻ひもを巻いて完成。

HOW TO MAKE

仕上がりサイズ：
約縦20×横8×厚み8㎝

材料と道具

● 巻き段ボール
● 布
● ヘアゴム
● ワイヤー
● 定規
● はさみ
● 目打ち
● くるみボタンキット
● マスキングテープ

巻き段ボール
くるみボタン
ヘアゴム

筒形ラッピング

1
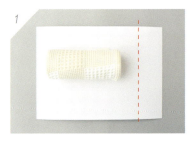
（贈り物の幅＋4㎝）×（贈り物1周＋2㎝）に巻き段ボールを切る。

2

市販のキットでくるみボタンを作る。ボタンの足にワイヤーを通し、根元でねじって固定する。

3

巻き段ボールに目打ちで穴をあける。

4

穴にくるみボタンのワイヤーを通し、ワイヤーを開いてマスキングテープでとめる。

5

贈り物を包む。端を結んで輪にしたヘアゴムをくるみボタンに引っかける。

6

贈り物を包んだ巻き段ボールに1周巻き、くるみボタンに引っかけて完成。

WORK:1　和モダンなラッピング

HOW TO MAKE

仕上がりサイズ：
約縦10×横10×厚み3.5cm

材料と道具

● A4コピー用紙
● 毛糸
● 定規
● はさみ
● メラミンスポンジ
● 筆
● アクリル絵の具

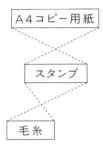

A4コピー用紙 → スタンプ → 毛糸

合わせ包み

1

P77の合わせ包みの要領で箱の角に沿わせて跡をつける。いったん紙をはずす。

2

スポンジをはさみで三角に切る。

3

三角に切ったスポンジに、少量の水を加えた絵の具をつけ、1の点線の内側にスタンプする。

4

少量の水を加えた絵の具を筆にとり、水玉模様を描く。

5

絵の具が乾いたら、贈り物を包み直す。

6

毛糸を斜めにかけて完成。

Column 1

オリジナルラッピングペーパーを作る

カラーコピー編

手軽にセンスアップ！
かすれや変色も味になる、
カラーコピー活用術

わざわざ紙を買わなくても、写真や英字新聞、布などをカラーコピーすれば、オリジナルのラッピングペーパーに。そのままラッピングしても素敵ですが、あえてカラーコピーすることで、かすれたり、色が濃くなったり、薄くなったり、ヴィンテージっぽく仕上がります。また、自分で撮った写真やパソコンの壁紙をプリントアウトすれば、デザインは無限大！　表と裏を変えてコピーすれば、包み方のアイデアも広がります。

余計なものは一切足さない、シンプルラッピング。基本の合わせ包みも、カラーコピーした紙を使えば、堅苦しくなりません。

包み方
P77

斜め包みにした贈り物に、カラーコピーした紙をのし紙風に巻くことで、和モダンな印象に。きちんと感に遊び心がプラスされます。

包み方
P80

好みの絵柄をカラーコピーして三角すいのボックスに。あえて文字を残して写真を切り取ると、こなれ感がアップします。

包み方
P32

PACKAGING FOR
BAZAAR & HANDMADE MARCHÉ

WORK 2

陳列方法のヒントもいっぱい！

バザーやハンドメイドマルシェで役立つ、かわいいパッケージング

バザーやハンドメイドマルシェで、パッと目を引くかわいいパッケージをご紹介。
ひとつひとつはシンプルでも、陳列したときに見栄えがよくなって、売れゆきもよくなります！

P43

 PACKAGING FOR BAZAAR & HANDMADE MARCHÉ | **01**

ブローチの台紙を作る

仕上がりサイズ：縦9×横9㎝

材料と道具

- ◉ 紙
- ◉ フェルト
- ◉ 刺繍糸
- ◉ 定規
- ◉ はさみ
- ◉ 両面テープ

おすすめの用途

ブローチ
コサージュ

そのまま飾っておきたくなる、額ぶちのようなデザイン。ふちにメッセージやブランドロゴを入れることができます。動物のブローチなら、台紙から少しはみ出てもかわいい。

WORK:2　バザーやハンドメイドマルシェで役立つ、かわいいパッケージング

P44

HOW TO MAKE

1 紙を11×11cmに切る。紙のサイズは（ブローチの縦＋4cm）×（ブローチの横＋4cm）が目安。

2 紙の左右を1.5cmずつ内側に折る。

3 紙の上下を1.5cmずつ内側に折る。

4 上下の紙を開き、上下左右の角を三角に折る。

5 4の三角部分に両面テープを貼り、上下の紙を折り目に沿って折りとめる。

6 フェルトを縦4×横2.5cmに切る。

7 下から手で丸め、1cmくらい残して両面テープで固定。さらに、残った1cmの位置に両面テープを貼る。

8 5の中心に7を両面テープで貼る。お好みでふちにメッセージやブランド名を手書きする。

9 フェルトにブローチをつけ、刺繍糸を斜めにかけて完成。

1

2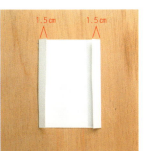

3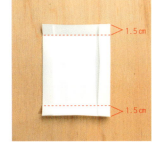

4

5

6

7

8

9

PACKAGING FOR BAZAAR & HANDMADE MARCHÉ | **02**

フックピアスの台紙を作る

カラフルなヘアゴムは、見た目のアクセントになるだけでなく、ピアスのフックがスッと通しやすいのがうれしい。台紙を立たせてディスプレイすることもできます。

仕上がりサイズ：約縦10×横3.5㎝

おすすめの用途 ── フックピアス

材料と道具

- ● 紙
- ● カラーヘアゴム
- ● 割りピン
- ● 定規
- ● はさみ
- ● 目打ち

HOW TO MAKE

1

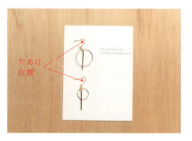

横は（ピアスの幅＋2㎝）×2、縦はピアスを上下に並べたとき2つが重ならない長さに紙を切る。紙を縦半分に折る。

2

紙を開き、ピアスを引っかける位置と割りピンをつける位置（紙の端から5㎜、ピアスとピアスの間）に目打ちで穴をあける。

3

表からゴムを通し、結び目を作る。ゴムの長さは、割りピンにかけたとき、たるまないくらいが目安。

4

表から割りピンを通す。

5

裏で割りピンの足を開いて固定する。

WORK:2　バザーやハンドメイドマルシェで役立つ、かわいいパッケージング

6

ゴムの結び目にピアスを通す。

7

紙を閉じ、ゴムを割りピンに引っかけて完成。

PACKAGING FOR BAZAAR & HANDMADE MARCHÉ | **03**

ヘアピンの台紙を作る

紙に刺繍糸を巻くだけの簡単デザイン。刺繍糸にヘアピンをはさめば、ヘアピンがずれたりはずれたりしないという利点も。糸と台紙の色とのカラーリングも楽しめます。

仕上がりサイズ：縦3×横6㎝

材料と道具

- 紙
- 刺繍糸
- 定規
- はさみ
- マスキングテープ

おすすめの用途

ヘアピン

HOW TO MAKE

1

紙をヘアピンよりひとまわり大きく切り、台紙を作る。

2

台紙に刺繍糸を20回くらい巻き、切り端をマスキングテープでとめる。

3

巻いた刺繍糸にヘアピンをはさんで完成。

PACKAGING FOR BAZAAR & HANDMADE MARCHÉ | 04

ピアスの台紙を作る

ピアスを紙に刺すだけでは素っ気ないけど、布をはさむことでパッと目をひくパッケージに。布を少ししか使わないので、わざわざ買わなくても、古着や余ったハギレで作れます。

仕上がりサイズ：
縦3×横5㎝

おすすめの用途
ピアス

材料と道具

- 紙
- 生地
- 定規
- はさみ
- 目打ち

HOW TO MAKE

1

紙をピアスよりひとまわり大きく切り、土台を作る。

2

布をランダムに切り、土台にのせて目打ちで穴をあける。

3

穴にピアスを通し、裏でバックピンをセットしたら完成。

PACKAGING FOR BAZAAR & HANDMADE MARCHÉ | 05

ブレスレットを包む

1つでディスプレイとラッピングができるアイデアパッケージ。ブレスレットを巻いた状態でディスプレイできるから、つけたときのイメージがしやすいのも魅力です。

仕上がりサイズ：
約直径5×高さ10cm

材料と道具

- 巻き段ボール
- 麻布
- リボン
- 定規
- はさみ
- 両面テープ

WORK:2　バザーやハンドメイドマルシェで役立つ、かわいいパッケージング

おすすめの
用途
―――――
ブレスレット
ミサンガ
腕時計

HOW TO MAKE

1

2

3

4

5

6

7

8

1 ブレスレットを巻いたときの1周分＋1㎝（のりしろ）に、巻き段ボールを切り、両面テープで筒状に貼り合わせる。高さはお好みで。

2 布を切る。布のサイズは（1の横1周＋1㎝）×（1の高さの2倍＋しぼり分6㎝）が目安。布の右端に両面テープを貼る。

3 布の両端を合わせて両面テープで貼り、筒状にする。

4 3の中に1の筒を縦にして入れ、中央にセットする。下の余った布を内側に入れ込む。

5 上の余った布も内側に入れ込む。

6 ブレスレットを通す。ディスプレイするときは、この状態で完成。

7 包むときはブレスレットをはずし、5で入れ込んだ上の布を引き出す。外側と内側の布の間にブレスレットを入れる。

8 袋の口をしぼり、リボンを結んで完成。

WORK:2　バザーやハンドメイドマルシェで役立つ、
　　　　かわいいパッケージング

PACKAGING FOR BAZAAR & HANDMADE MARCHÉ

06

仕上がりサイズ：
約縦17×横3×厚み3cm

アクセサリーパーツを包む

材料と道具

- ◉ 薄紙
- ◉ 毛糸
- ◉ 定規
- ◉ はさみ
- ◉ 両面テープ

かわいいポンポンがついた、にんじん形のパッケージ。折り紙でアレンジすることもできます。パーツの量り売りやお菓子の詰め放題など、イベントごとにも活躍してくれそう。

おすすめの用途

ボタンやパールなどのパーツ

クリップや輪ゴムなどの文房具

キャンディなどの個包装のお菓子

HOW TO MAKE

1 紙を正方形に切り、端だけ半分に折って軽く折り目をつける。

2 折り目を中心にして円すい状に紙を巻いていく。巻き終わりを両面テープで貼る。

3 アクセサリーパーツを入れ、袋の口をしぼる。

4 ポンポン（作り方はP91）を作り、3でしぼったところに巻きつける。

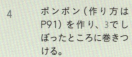

5 糸を結んで完成。

P53

PACKAGING FOR BAZAAR & HANDMADE MARCHÉ | 07

ネックレスを包む

スライド式のカバーがついた、アクセサリーボックス。外箱と内箱の間にチェーンをはさみ込むことで、ネックレスが固定される仕組みに。小物入れとしても使えます。

おすすめの用途
ネックレス
ブレスレット
内箱をはずして
小物入れに

仕上がりサイズ：
約縦7×横15×高さ2cm

材料と道具
- 紙
- タグ（お好みで）
- 定規
- はさみ
- 両面テープ

HOW TO MAKE

1
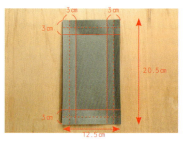
内箱を作る。紙を20.5×12.5cmに切り、写真のように折り目をつける。

2

左右を折り目に沿って2回ずつ折り、点線の位置に折り目をつける。

3

側面を立ち上げ、箱の角を整える。

4

余分な紙を内側に折り込む。反対側も同様に折り込む。

5

外箱を作る。紙を23×15cmに切り、1〜4の要領で折る。（外箱を作るときは、1で3cm折ったところを4cmにして折る）

WORK:2 バザーやハンドメイドマルシェで役立つ、かわいいパッケージング

P54

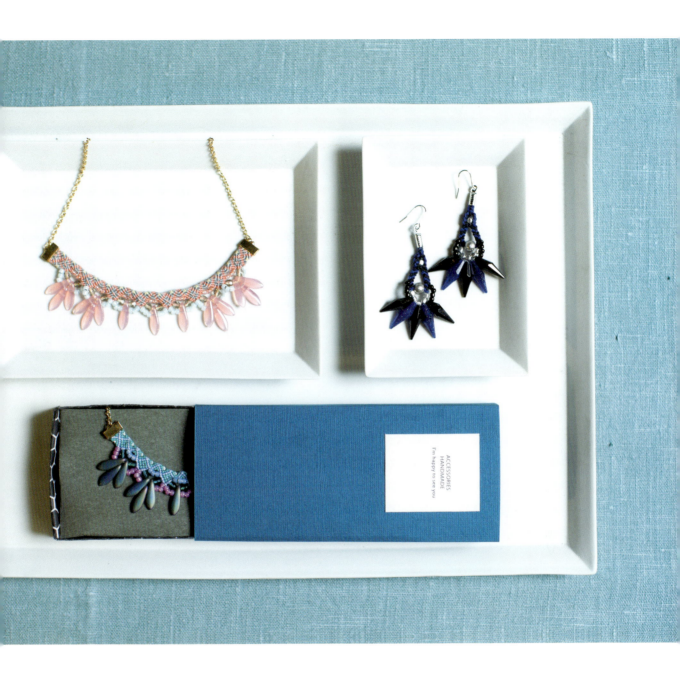

6

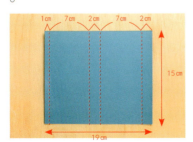

カバーを作る。紙を15×19cmに切り、写真のように折り目をつける。

7

紙の左端を1cm折って両面テープを貼り、両端を重ねて両面テープで貼る。

8

内箱にネックレスをのせて外箱に入れ、カバーをセット。お好みでラベルをつけて完成。

HOW TO MAKE

1

クッキーをOPP袋に入れる。

2

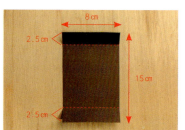

紙を15×8cmに切る。紙のサイズは（OPP袋の縦＋5cm）×OPP袋の横が目安。紙の上下を2.5cmずつ折る。

3

2に1をのせ、紙の上下を両面テープで貼る。

WORK:2　バザーやハンドメイドマルシェで役立つ、かわいいパッケージング

P56

PACKAGING FOR BAZAAR & HANDMADE MARCHÉ | 08

クッキーを包む

おいしそうに見えるのはもちろん、センスアップも狙えるお菓子のパッケージ。紙のサイズの目安がわかりやすいから、中身に合わせて簡単に応用することができます。

仕上がりサイズ：
縦10×横8㎝

材料と道具

- 紙
- OPP袋
- ひも
- タグ（お好みで）
- 定規
- はさみ
- 両面テープ

おすすめの用途
――――
クッキー
パウンドケーキ
マドレーヌ
ラスク

cookie $3,00

4

お好みでひもにラベルを通し、ひもを十字にかけて完成。

PACKAGING FOR
BAZAAR &
HANDMADE MARCHÉ

09

キャンディを包む

仕上がりサイズ：
約縦10×横5cm

テープやのりを使わず、折り紙とひもだけで包めるパッケージ。小分けしたお菓子を配るのにぴったり。見た目がかわいいのでパーティの飾りつけにも活躍してくれそう。

材料と道具

- 折り紙
- ひも
- タグ（お好みで）
- 定規
- はさみ

HOW TO MAKE

おすすめの用途

キャンディ
小ぶりのアクセサリー

1
折り紙を裏にして置き、下から1/3くらいの位置を折る。

2
折ったところにキャンディを入れ、左側を右にかぶせる。

4
左側の紙を右側の紙に差し込む。

3
右側を左にかぶせる。

5
袋の口をしぼってひもで結ぶ。お好みでラベルをつけて完成。

WORK:2　バザーやハンドメイドマルシェで役立つ、かわいいパッケージング

P58

 | **10**

お菓子の詰め合わせを作る

お菓子をセンスよく並べたおすそ分けセット。バランスよく並べるコツは、大きいものから置くこと。紙の上に仮置きしてから貼りつけると、バランスよく仕上がります。

WORK:2　バザーやハンドメイドマルシェで役立つ、かわいいパッケージング

仕上がりサイズ：
約縦12×横19cm

材料と道具

● 厚手の紙
● ファスナーつき保存袋
● 割りピン
● スタンプ（お好みで）
● 定規
● はさみ
● 目打ち

―― おすすめの用途 ――
お菓子のおすそ分け
ハロウィンのお菓子の
詰め合わせ
旅行のお土産もの
を配る

HOW TO MAKE

1
紙を保存袋のサイズに合わせて切る。

2
お菓子の裏に両面テープをつけて1の紙に貼り、保存袋に入れる。

3
別の紙を写真のサイズに切って半分に折り、お好みでスタンプを押してラベルを作る。

4
2の袋の口を3ではさみ、右上（ファスナーより外側）に目打ちで穴をあける。

5
穴に割りピンを通し、裏で割りピンの足を開いて固定して完成。

6
中身を取り出すときはラベルを回転させてファスナーを開ける。

PACKAGING FOR BAZAAR & HANDMADE MARCHÉ | 11

パウンドケーキを包む

ビニールの袋に入ったケーキも、かわいい柄の紙を重ねるだけで格段に見栄えがよくなります。ケーキと紙の間にオーブンシートをはさむことで、油染みの心配もなく衛生的です。

仕上がりサイズ：
約縦10×横9×厚み3cm

|| 材料と道具

- 紙
- オーブンシート
- OPP袋
- タグ（お好みで）
- 定規
- はさみ

おすすめの用途

パウンドケーキ
クッキー

HOW TO MAKE

1
紙とオーブンシートをOPP袋のサイズに合わせて切る。

2
紙とオーブンシートを重ね、ケーキをのせてOPP袋に入れる。お好みでラベルをつけて完成。

WORK:2　バザーやハンドメイドマルシェで役立つ、かわいいパッケージング

仕上がりサイズ：
約縦18×横14.5×マチ4㎝

| 材料と道具

◉ 紙
◉ 透明フィルム
（OPP袋で代用可）
◉ ひも
◉ 定規
◉ はさみ
◉ カッター
◉ カッティングマット

おすすめの
用途

ポーチ
ソックス
クッキー
サンドイッチ

HOW TO MAKE

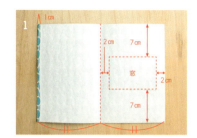

1　紙をA4サイズ（21×29.7㎝）に切り、左側を1㎝右に折る。写真の窓の位置をカッターで切り抜く。

2　窓のまわりに両面テープを貼る。

3　窓よりひとまわり大きくカットした透明フィルムを窓にのせ、テープのはくり紙をはがして貼る。

4　3の左側に1㎝折ったところに両面テープをつけ、窓側の紙を左に倒して貼り合わせる。下を3㎝折り上げ、P34の4～6の要領で貼り合わせる。両面テープを貼る位置はP71の14参照。

5　布小物を入れて袋の口を折り、ひもを斜めにかけて完成。

PACKAGING FOR BAZAAR & HANDMADE MARCHÉ

12 布小物を包む

A4の紙で作れる、窓つきパッケージ。マチつきで自立し、窓から中身が見えるので、布小物などの柄違いやカラーバリエーションを並べて見せるのに適しています。

P63

PACKAGING FOR BAZAAR & HANDMADE MARCHÉ | 13

小ぶりの焼き菓子を包む

簡単かわいいお菓子のパッケージ。ビニールの袋をリボンで結ぶ定番の包み方も、リボンの結び方しだいで素敵に変身。OPP袋のリボンは、布を裂いて作ってもおしゃれ。

WORK:2 　バザーやハンドメイドマルシェで役立つ、
　　　　 かわいいパッケージング

保存びんに入れる

仕上がりサイズ：
約直径7×高さ10㎝

|| 材料と道具

- 紙
- 保存びん
- ひも
- ラベル（お好みで）
- 定規
- はさみ

おすすめの用途
小ぶりの焼き菓子
ジャム
ピクルス

HOW TO MAKE

1
紙を正方形に切る。紙のサイズは、1辺がフタの直径＋フタの厚み＋1㎝くらいが目安。上下左右の角を二等辺三角形に切り落とし、八角形になるようにする。

2
1をお菓子の入ったびんのフタにかぶせ、指でつまみながら形を整える。

3
ひもを巻いて結ぶ。お好みでラベルをつけて完成。

OPP袋に入れる

仕上がりサイズ：
約縦12×横11㎝

|| 材料と道具

- OPP袋
- グラシンカップ
- リボン
- ラベル（お好みで）
- はさみ

おすすめの用途
小ぶりの焼き菓子
チョコレート

HOW TO MAKE

1
グラシンカップにお菓子をのせ、OPP袋に入れる。

2
袋の口にリボンを合わせて、裏側に2回折リ込む。

3
袋の口を中央で2つに折る。

4
リボンを結ぶ。お好みでラベルをつけて完成。

PACKAGING FOR
BAZAAR &
HANDMADE MARCHÉ

14

スワッグを包む

ハーブや花を束にして吊るしたスワッグ。かわいい紙で
包んでリボンをかければ、そのまま壁に飾っても素敵。
英字新聞やクラフト紙で包めば、ナチュラルな印象に。

仕上がりサイズ：
約縦30×横15cm

材料と道具

● 紙
● リボン
● 定規
● はさみ

おすすめの
用途

スワッグ
ブーケ

WORK:2　バザーやハンドメイドマルシェで役立つ、
　　　　 かわいいパッケージング

HOW TO MAKE

1

紙を角が手前にくるように置く。紙のサイズは、写真の置き方で縦がスワッグの長さ＋5cm、横がスワッグの幅の3倍が目安。

2

下をスワッグに合わせて三角に折る。

3

左端→右端の順に紙を重ねる。

4

スワッグの根もとをしぼって形を整える。

5

しぼったところにリボンを結んで完成。

PACKAGING FOR BAZAAR & HANDMADE MARCHÉ | **15**

ノートを包む

好みの絵柄をコピーしたり、写真をプリントアウトしたり、アイデアしだいでオリジナルパッケージに。ミシン目でピリピリとめくって開封する楽しみがあります。

仕上がりサイズ：
約縦19×横14cm

材料と道具

- 古雑誌
- 定規
- はさみ
- 両面テープ
- ミシン目カッター
- カッティングマット

HOW TO MAKE

1
古雑誌をA4サイズに切り、P32の1～7の要領で袋を作る。

2
上側を2cm下に折る。

3
ノートを入れて、上側も下側と同様に貼り合わせる。

おすすめの用途

ノート
ハンカチ
ポストカード

4
上から1cmのところにミシン目カッターでミシン目を入れる。ミシン目を入れるときは、定規でしっかり固定するのがポイント。

5
しっかりミシン目がついたら完成。

16 手提げバッグを作る

バザーやマルシェでショッピングバッグとしてストックしておきたい手提げバッグ。古新聞やいらなくなった包装紙を再利用すれば、おしゃれなうえにエコにもなります。

仕上がりサイズ：
約縦11×横13×マチ3.5cm

材料と道具

- 古新聞
- 紙
- 厚紙
- 持ち手
- 定規
- はさみ
- 両面テープ

おすすめの用途

ショッピングバッグ
雑貨を入れてインテリアに

HOW TO MAKE

1

古新聞をB4サイズ（25.7×36.4cm）に切り、横にして置く。下側を1cm残して横半分に折る。

2

1cm残したところに折り目をつける。左端を1cm右に折って斜線部分に両面テープを貼る。

3

紙を縦半分に折る。

4

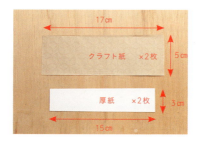

持ち手を作る。クラフト紙と厚紙を写真のサイズに切る。

5

クラフト紙の中央に厚紙をのせ、左右を内側に折って両面テープで貼る。上下左右の角を三角に切り落とす。

WORK:2　バザーやハンドメイドマルシェで役立つ、かわいいパッケージング

6

上下を内側に折って両面テープで貼る。端から3.5cmの位置に両面テープで持ち手を貼りつける。これを2つ作り、斜線部分に両面テープを貼る。

7

3を開き、左右を均等にあけて袋の口に両面テープで6を貼りつける。

8

右側の輪の中に、左側の1cm折った部分を入れ込む。

9

両面テープで貼り合せる。

10

底部分を1cm内側に折り込む。

11

下側を5cm折り上げる。

12

左右が三角になるように開いて折る。

13

上下が1cmずつ重なるように折る。

14

紙を開き、赤の部分の5カ所に両面テープを貼る。

15

下→上の順に両面テープで貼り合わせて完成。

ARRANGE

作り方や紙のサイズは同様。折る前に、クラフト紙を7×36.4cmに切り、B4サイズに切った古新聞の表面の下側に合わせてのりで貼っておくだけ。少し手を加えただけで新鮮な印象に。

PACKAGING FOR BAZAAR & HANDMADE MARCHÉ | **17**

ハンカチを包む

一見、難しそうに見えますが、丸く切った4枚の紙を交互に組み合わせただけのアイデアパッケージ。タッセルを添えることで、和モダンな雰囲気に仕上がっています。

WORK:2　バザーやハンドメイドマルシェで役立つ、かわいいパッケージング

P72

HOW TO MAKE

1 紙にCDを置き、鉛筆で輪郭をなぞってはさみで切る。これを4枚作る。

2 1を半分に折り、正方形を作るようにずらしながら重ねる。重なった部分をのりで貼る。

3 4枚目を重ねたら、1枚目と重なった部分を下に入れ込み、重なった部分をのりで貼る。

4 ハンカチを入れ、1枚ずつ折っていく。4枚目を折ったら、1枚目の下に入れ込む。

5 タッセル（作り方はP91）を作り、ひもといっしょに結んで完成。

仕上がりサイズ：縦12×横12cm

材料と道具

- 紙
- 刺繍糸
- ひも
- はさみ
- 両面テープ
- 鉛筆
- のり
- CD

おすすめの用途

ハンカチ
クッキー

1

×4枚

2

3
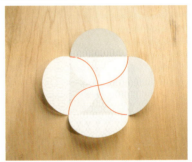

4

5

P73

Column 2

オリジナルラッピングペーパーを作る

スタンプ編

身近にあるものを
ポンポン押して
素敵にデコレーション

紙にスタンプを押して、オリジナルのラッピングペーパーに。鉛筆、ボールペン、シャープペンシルの消しゴム部分、綿棒、紙コップなど、身近にあるものも絵の具やインクをつければ立派なスタンプに。消しゴムやスポンジは、いろいろな形にカットできますが、切らずにそのまま押しても絵になります。ラベルに文字を入れるときに使う数字やアルファベットのスタンプも、紙全体にランダムに押せば、テキスタイルっぽい仕上がりに。

1 紙コップ	5 数字のスタンプ	9 ボールペン
2 消しゴムつきシャープペンシル	6 アルファベットのスタンプ	10 鉛筆
3 消しゴム	7 スタンプパッド	11 アクリル絵の具
4 メラミンスポンジ	8 綿棒	

綿棒

綿棒にアクリル絵の具をつけて、紙コップを使ったボックスにポンポンと押すだけ。簡単にドット模様を描くことができます。

包み方
P27

数字のスタンプ＋鉛筆

飾り紙にランダムな数字をスタンプ。鉛筆の削っていないほうにインクをつけて、模様を添えれば、和モダンなオリジナルギフトに。

包み方
P79

アルファベットのスタンプ、消しゴム、紙コップ

身近にあるものを不規則にスタンプすることで、テキスタイルのようなラッピングペーパーに。あえて柄の上にスタンプするのも◎。

WORK:1　和モダンなラッピング

基本のラッピング

気持ちのこもった贈り物は、贈るほうも贈られるほうもうれしい気持ちになります。
ここでは、基本の包み方とリボンのかけ方をご紹介。フォーマルなシーンでも役立ちます。

合わせ包み

合わせ包み
(薄い箱の場合)

斜め包み

スクエア包み

シェル包み

リボンの
結び方とかけ方①

リボンの
結び方とかけ方②

ポンポンと
タッセル

KIHON
1

合わせ包み

「キャラメル包み」とも呼ばれる基本の包み方。簡単にきちんと包むことができます。包むものに対して必要な紙のサイズが少なく、応用がきくので、覚えておくと便利です。

HOW TO MAKE

紙のサイズの目安

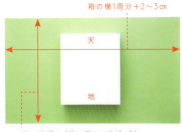

箱の横1周分＋2〜3cm
天
地
箱の縦幅＋（箱の厚みの2/3×2）

1

紙の中央に箱を置き、紙の右側を1cm内側に折り、箱の縦幅に合わせて両面テープを貼る。

2

両面テープのはくり紙を少しだけはがし、外側に折っておく。

3

紙の上に箱を置き、右側の紙をのせて仕上がりの位置（箱の中央）を決める。

4

左側の紙をのせ、右側が上にくるように重ねる。両面テープのはくり紙を少しずつはがしながら貼り合わせる。

5

天の紙を折り下げて仮折りする。こうすることで、紙が固定されて折りやすくなる。

6

地の紙を箱に沿って左→右の順に折り下げる。左右同様に折り下げる。

7

地の下側の紙が三角になるように折る。右も同様に折る。

8

地の下側の紙を折り上げる。

9

7でできた三角形に合わせて、外側に折り、折り目に合わせて内側に折る。

10

両面テープを少しはみ出すように貼る。

11

はみ出した両面テープを内側に折り込み、貼り合わせる。天も同様に折って完成。

P77

WORK:3　基本のラッピング

KIHON

合わせ包み（薄い箱の場合）

紙のサイズの目安と包み方の手順は、基本の合わせ包みと同様。薄い箱は天地の始末が難しいので、セロハンテープを使って仕上げるときにも便利な包み方を紹介します。

P78

HOW TO MAKE

紙のサイズの目安

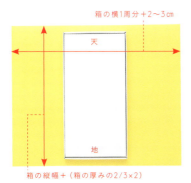

1

紙の右側を1cm内側に折り、箱の縦幅に合わせて両面テープを貼る。

2

両面テープのはくり紙を少しだけはがし、外側に折っておく。

3

紙の上に箱を置き、紙の右側をかぶせて仕上がりの位置（箱の中央）を決める。

4

左側の紙をのせ、右側が上にくるように重ねる。両面テープのはくり紙を少しずつはがしながら貼り合わせる。

5

奥側の紙を折り下げて仮折りする。こうすることで、紙が固定されて折りやすくなる。

6

手前側の左右上下それぞれの角が三角になるように折る。

7

上側の紙を折り下げる。

8

下側の紙に両面テープを貼る。

9

上→下の順に紙を折り上げ、両面テープで貼り合わせる。天も同様に折って完成（両面テープを使わずにセロハンテープで貼ってもOK）。

P79

KIHON 3 斜め包み

一見、難しそうですが、紙のサイズや箱を置く位置さえ間違えなければ、簡単に素早く包むことができます。「デパート包み」とも呼ばれ、フォーマルなギフトにもぴったりです。

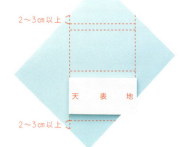

紙のサイズの目安

2〜3cm以上

天　表　地

2〜3cm以上

この位置に置いて
箱1周分＋（2〜3cm以上×2）が目安

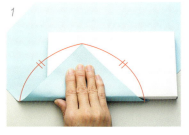

1
手前側の紙が二等辺三角形になる位置に箱を置き、手前側の紙を折り上げる。

2
左側の紙を持ち上げ、たるんだ部分を箱に沿わせて右に折る。

WORK:3　基本のラッピング

HOW TO MAKE

3

セロハンテープでとめる。

4

右手で箱の手前を持ち、左手で上側の紙を持つ。右手で持った箱を起こす。

5

たるんだ紙をきれいに整えて折る。

6

箱を奥に倒す。

7

右側の紙を箱に沿って持ち上げる。

8

右側の紙を左に折る。

9

奥側の紙も同様に、たるんだ部分を箱に沿わせて手前に折る。

10

箱を90度回転させる。重ねた紙を点線の位置で外側に折り、折り目をつける。

11

紙を開き、手前側の紙を 10 の折り目の位置で内側に折り込む。

12

右側の紙を 10 の折り目の位置で内側に折り込む。

13

右側の紙を右下の角と対角線がぶつかるところで外側に折り、折り目をつける。

14

右側の紙を 13 の折り目の位置で内側に折り込んで完成。

WORK:3 基本のラッピング

スクエア包み

正方形の紙で包むことからスクエア包みと呼ばれ、「ふろしき包み」とも呼ばれています。箱を回転させずに包めるので、重いものや逆さにできないものを包むのに適しています。

紙のサイズの目安

箱の厚み＋2〜3cmが目安

箱の中心に紙を置き、4辺までの長さがそれぞれ箱の厚み＋2〜3cmが目安

1

手前に角がくるように紙を置き、中心に箱を置く。手前側の紙を折り上げる。

2

左側の紙を持ち上げ、たるんだ部分を箱に沿わせる。

P82

HOW TO MAKE

3

カゲヒダを箱に沿って折る。

4

持ち上げた左側の紙を右に折る。

5

箱の対角線（45度）に沿って左側の紙を外側に折り、折り目をつける。

6

3のカゲヒダを巻き込みながら内側に折り込む。

7

2〜6の要領で右側の紙を左に折る。

8

奥側の紙を持ち、たるんだ部分を箱に沿わせて手前に折る。

9

奥側の紙の左側を箱の対角線に沿って外側に折り、折り目をつけて3の要領で内側に折り込む。

10

右側も同様に折り目をつける。

11

10の折り目を内側に折り込み、角に両面テープを貼り、貼り合わせて完成。

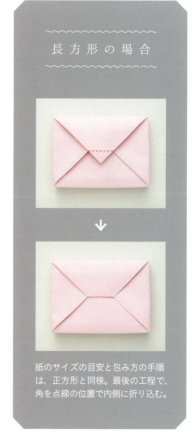

長方形の場合

紙のサイズの目安と包み方の手順は、正方形と同様。最後の工程で、角を点線の位置で内側に折り込む。

P83

KIHON 5 シェル包み

ワインやシャンパンを華やかに見せるシェル包み。ボトルの底を斜めに折り込みながら包むことで貝のような折り模様に。筒状のびんや缶のラッピングにもおすすめです。

WORK:3 基本のラッピング

P84

HOW TO MAKE

紙のサイズの目安

ボトルの直径＋高さ＋折り込み分

1周半〜2周分

高さ

1

対角線に対し、直角になる位置にボトルを置き、ボトルの横中心に手前の紙をのせる。

2

ボトルの底側の紙をつまみ、ボトルに沿って折る。

3

左手の親指で2を固定する。右手でボトルの底と紙の交点にタックをとる。

4

3をくり返し、ボトルの半分までタックをとっていく。

5

右手で紙を張り、たるんだ部分をボトルの底に沿って折り込みながら奥に向かって巻いていく。

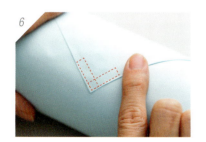

6

巻き終わったら両面テープで貼る。

7

ボトルの首に沿わせてタックをとる。

8

余った紙を手前に折る。ひもを結び、お好みでラベルをつけたら完成。

リボンの
結び方と
かけ方

RIBBON
LESSON

1

Ⓐ 基本の蝶結び × 横かけ

1 蝶結びの片側分の長さをとる。リボンを横かけにする場合、箱の角で結ぶとゆるみにくい。

2 リボンを横に1周回す。右手のリボンを左のリボンの上に重ね、左手のリボンの下をくぐらせ右上に引き出す。

3 左側のリボンを輪っかにして、羽をつくる。

4 右側のリボンを3の羽にかぶせ、2つ折りにして下をくぐらせ、左上に引き出す。

5 右の輪の後ろと左の輪の手前をつまんで引き締める。

6 箱の中央にスライドさせて、リボンの端を切りそろえて完成。

B 裏表のあるリボンの蝶結び × 横かけ

1 基本の蝶結びの1〜3の要領で羽を作り、右側のリボンを下げる。

2 下げたリボンを羽に1周巻きつける。

3 巻きつけたリボンを左の輪の中にくぐらせて左上に引き出し、左右の輪の後ろをつまんで引き締める。基本の蝶結びの6の要領で仕上げて完成。

C シングルループ × 横かけ

1 基本の蝶結びの1〜3の要領で羽を作り、右側のリボンを下げる。

2 下げたリボンを羽の下をくぐらせ、左上に引き出す。

3 引き出したリボンと羽の後ろをつまんで引き締める。箱の中央にスライドさせて、リボンの端を切りそろえて完成。

D トリプルループ × 横かけ

1 蝶結びの羽2個分の長さをとり、右側のリボンを横に1周回す。

2 左側のリボンを輪っかにして折り返し、羽を2個つくる。右側のリボンを羽の中心に下ろす。

3 下ろしたリボンを2つ折りにして下をくぐらせ、左上に引き出す。基本の蝶結びの5〜6の要領で仕上げて完成。

リボンの端の切り方

リボンの端の切り方で、ラッピング全体の印象が違ってきます。シンプルなラッピングも、よく切れるはさみできれいに切りそろえば、見栄えが格段によくなります。

 山型

 ピンキングばさみ

 斜め

リボンの
結び方と
かけ方

RIBBON
LESSON

2

Ⓐ 十字かけ

1

蝶結びする位置で、蝶結びの片側分の長さをとる。

2

蝶結びする位置に測ったリボンを置き、リボンを横に1周回す。右手のリボンを左手のリボンの上に重ねる。

3

蝶結びする位置を軸にリボンを交差させる。

4

右手に持ったリボンを下から1周回す。

5

右手に持ったリボンを左斜め下に下ろす。

6

クロス部分の左下から右上にくぐらせて引き出す。P86基本の蝶結びの3〜5の要領で蝶結びにし、リボンの端を切って完成。

斜めかけ

1

蝶結びの片側分の長さをとり、箱の右上の角にリボンをかける。

2

右手に持ったリボンを箱の裏側に通し、表側の左下の角にかけ、さらに箱の裏側に通して天の中心に出す。

3

P86基本の蝶結びの2〜6の要領で仕上げて完成。

縦かけ

1

蝶結びの片側分の長さをとる。

2

リボンを縦に1周回す。

3

右手に持ったリボンを左斜め下に下ろす。

4

下ろしたリボンを2のリボンの下にくぐらせて右下に引く。

5

右手に持ったリボンを輪っかにして、羽を作り、左手で持ったリボンをかぶせる。

6

かぶせたリボンを2つ折りにして下にくぐらせ、右上に引き出す。右の輪の手前と左の輪の奥をつまんで引き締め、リボンの端を切りそろえて完成。

 ## V字かけ

1

蝶結びの片側分の長さをとり、リボンを縦に1周回す。

2

もう1周リボンを回す。

3

縦かけの3〜6の要領で仕上げ、2本のリボンをV字に広げて完成。

POMPON
&
TASSEL

ポンポンとタッセル

少量の毛糸や刺繍糸で作れるカラフルなポンポンとタッセル。ポンポンはあたたかみとかわいらしさを、タッセルは和モダンな雰囲気を出すことができます。

WORK:3　基本のラッピング

P90

HOW TO MAKE

POMPON

ポンポン

材料と道具
- 毛糸
- はさみ

1

毛糸を2本の指に50回くらい巻く。

2

指からそっとはずし、中央を別の毛糸で巻いて固結びにする。

3

輪になった部分にはさみを入れて切る。

4

はさみで形を丸く整える。

5

2で結んだ毛糸は、リボンやひもに結びつけるときに使うので切らずにとっておく。

TASSEL

タッセル

材料と道具
- 刺繍糸
- はさみ
- 目打ち

1

刺繍糸を4本の指に10回くらい巻き、指からそっとはずす。

2

別の刺繍糸を2つ折りにし、結び目を作り、1の中央に巻いて固結びにする。

3

輪になった部分にはさみを入れて切る。

4

切った糸を1つにまとめ、房の上から5mmくらいのところに別の刺繍糸を3周巻きつけ、固結びにする。

5

巻きつけた糸を切り、目打ちで切り端を巻きつけた糸の内側に入れ込む。

6

房の糸端をはさみで切りそろえて完成。

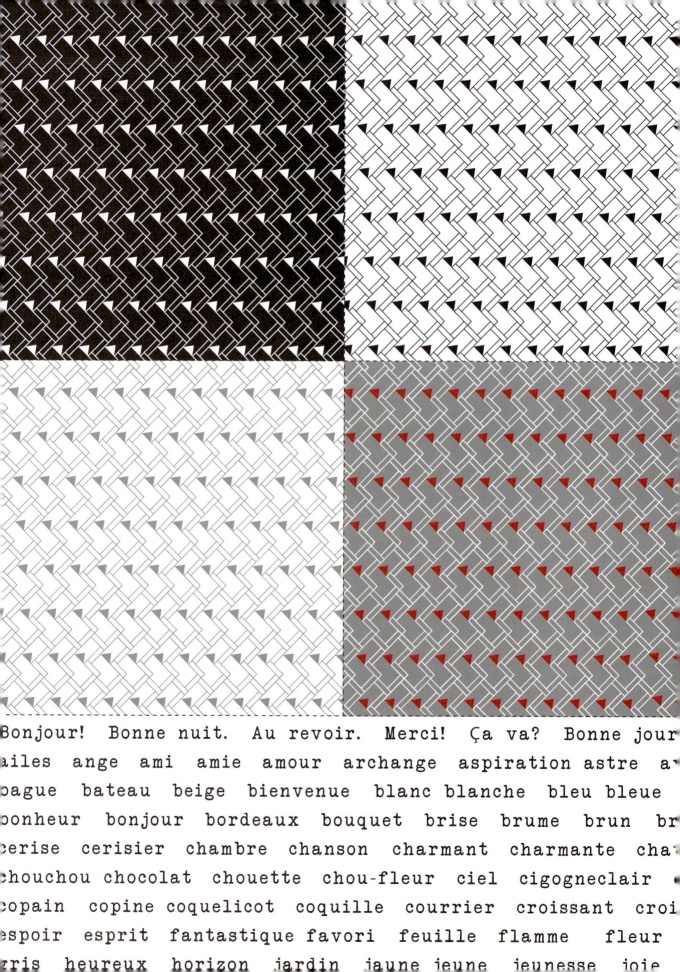

Bonjour! Bonne nuit. Au revoir. Merci! Ça va? Bonne jour
ailes ange ami amie amour archange aspiration astre a
bague bateau beige bienvenue blanc blanche bleu bleue
bonheur bonjour bordeaux bouquet brise brume brun br
cerise cerisier chambre chanson charmant charmante cha
chouchou chocolat chouette chou-fleur ciel cigogneclair
copain copine coquelicot coquille courrier croissant croi
espoir esprit fantastique favori feuille flamme fleur
gris heureux horizon jardin jaune jeune jeunesse joie

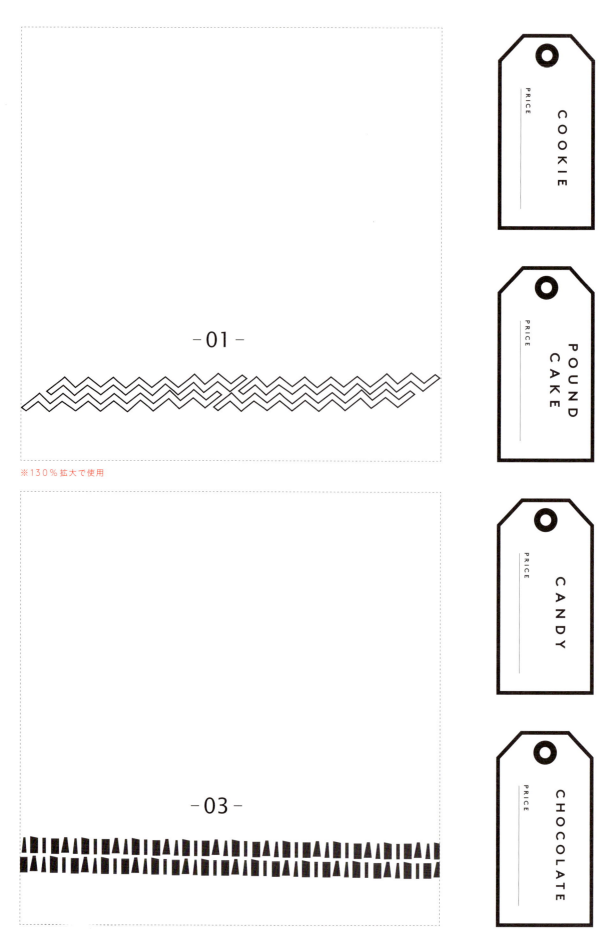

― 01 ―

※130％拡大で使用

― 03 ―

※130％拡大で使用

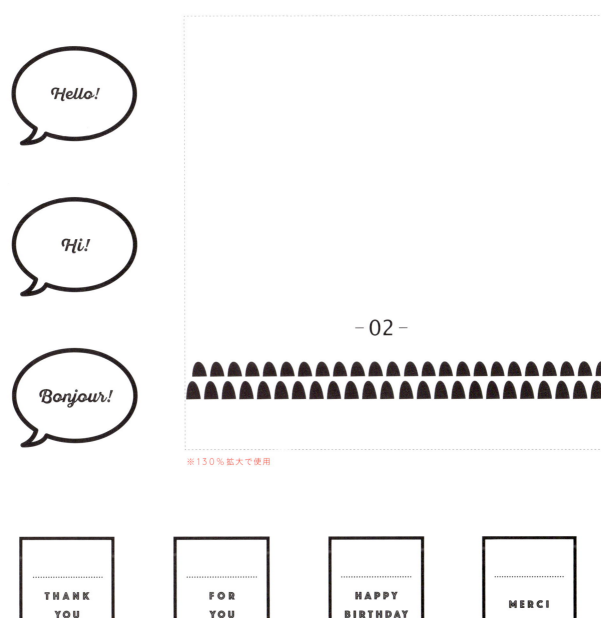

※130％拡大で使用

宮岡宏会　HIROE MIYAOKA

toi et moi（株）代表、ラッピング講師、ペーパーコーディネーター。ラッピング教室を運営するかたわら、イベント開催、企業でのラッピング講師、ペーパーやパッケージデザインの監修など、教室でのレッスンから包装業務まで幅広く行う。著書に『かんたん、かわいいナチュラルラッピング』（マイナビ）、『かわいく包むアイデアラッピング』（玄光社）など多数あり、これまでに6カ国語に翻訳されている。

toi et moi
東京都日野市新井730-2 MHビル1F
http://www.style-gift.net

STAFF
企画・編集	鞍田恵子
ブックデザイン	日毛直美
撮影	仁志しおり [表紙、P2-3、43-73、96]
	福井裕子 [P6-25]
	八幡 宏 [P42、74-91]
	岡 利恵子 (本社) [P26-41]
スタイリング	露木 藍
モデル	紗華
DTP	太田知也 [Rhetorica]
校閲	河野久美子

大人かわいいラッピング

著者	宮岡宏会
編集人	池田直子
発行人	永田智之
発行所	株式会社　主婦と生活社
	東京都中央区京橋3-5-7
電話	03-3563-5129（編集部）
	03-3563-5121（販売部）
	03-3563-5125（生産部）
	http://www.shufu.co.jp/
製版所	東京カラーフォト・プロセス株式会社
印刷所	大日本印刷株式会社
製本所	株式会社若林製本工場

ISBN978-4-391-15005-6

[撮影協力]

AWABEES ☎ 03-5786-1600
TITLES ☎ 03-6434-0616
UTUWA ☎ 03-6447-0070

BAKE ROOM
神奈川県横浜市中区吉田町6-2山下・呉ビル101
☎ 045-315-6342
https://www.facebook.com/BAKE-ROOM-16198370149998167
P8,43,56-57,64-65スノーボール／P19チーズケーキ／
P43,56-57ショートブレッド／P62パウンドケーキ／P64-65メレンゲ

eikobo
http://eyawata.wixsite.com/eikobo
P44-45ブローチ

GHi
http://www.ggghiii.tumblr.com
P46-47ピアス／P48ヘアピン／P49ピアス

KITTUN ASWADU
http://www.creema.jp/c/kittun_aswadu
P50-51ブレスレット／P55ネックレス、ピアス

pu・pu・pu
http://minne.com/@yucon-p
Instagram @pu___pu___pu／Twitter @pupupu2016
P63ポーチ、バッグ

fleurette
http://instagram.com/fleurette.accessory
P66-67スワッグ

[資材協力]

聚落社　jyuraku-sha
京都府京都市右京区山ノ内大町2-1　1F
http://www.jyurakusha17ban-chi.com
P6,76,78,80,82,90和紙

高橋理子株式会社
東京都墨田区業平4-11-12
☎ 03-6456-1624
http://www.takahashihiroko.com
P63,66-67,72-73,84,86-89和紙

株式会社シモジマ　east side tokyo
☎ 03-5833-6541
http://eastsidetokyo.jp
P12-13,74スタンプインク／P12-13,76-83,86-91箱／P44-45フェルト／
P44-45刺繍糸／P54-55 12インチペーパー／P50-51巻き段ボール／
P52-53薄葉紙／P46-47,60-61割りピン

株式会社SHINDO/S.I.C.ショールーム
☎ 03-5786-2111
http://web.shindo.com/jp/
P66-67リボン／P86-89リボン

※P92～95の図案は、コピーしてご使用ください。

Ⓡ 本書を無断で複写複製（電子化を含む）することは、著作権法上の例外を除き、禁じられています。
本書をコピーされる場合は、事前に日本複製権センター（JRRC）の許諾を受けてください。また、本書を代行業者などの第三者に依頼してスキャンやデジタル化をすることは、たとえ個人や家庭内の利用であっても一切認められておりません。JRRC（https://jrrc.or.jp/）　eメール：jrrc_info@jrrc.or.jp　☎ 03-3401-2382）

充分に気をつけながら造本しておりますが、万一、乱丁、落丁がありました場合はお買い上げになった書店か、小社生産部（☎ 03-3563-5125）へお申し出ください。
お取り替えさせていただきます。

©HIROE MIYAOKA 2017 Printed in Japan